Prosper Mérimée

LOKIS

LE MANUSCRIT DU PROFESSEUR WITTEMBACH

I

– Théodore, dit M. le professeur Wittembach, veuillez me donner ce cahier relié en parchemin, sur la seconde tablette, au-dessus du secrétaire ; non pas celui-ci, mais le petit in-octavo. C'est là que j'ai réuni toutes les notes de mon journal de 1866, du moins celles qui se rapportent au comte Szémioth.

Le professeur mit ses lunettes, et, au milieu du plus profond silence, lut ce qui suit :

LOKIS

avec ce proverbe lithuanien pour épigraphe :

Miszka su Lokiu,

Abu du tokiu [1]_.

Lorsque parut à Londres la première traduction des Saintes Écritures en langue lithuanienne, je publiai, dans la *Gazette scientifique et littéraire* de Kœnigsberg, un article dans lequel, tout en rendant pleine justice aux efforts du docte interprète et aux pieuses intentions de la Société biblique, je crus devoir signaler quelques légères erreurs, et, de plus, je fis remarquer que cette version ne pouvait être utile qu'à une partie seulement des populations lithuaniennes. En effet, le dialecte dont on a fait usage n'est que difficilement intelligible aux habitants des districts où se parle la langue *jomaïtique* , vulgairement appelée *jmoude* , je veux dire dans le palatinat de Samogitie, langue qui se rapproche du sanscrit encore plus peut-être que le haut lithuanien. Cette observation, malgré les critiques furibondes qu'elle m'attira de la part de certain professeur bien connu à l'Université de Dorpat, éclaira les honorables membres du conseil d'administration de la Société biblique, et il n'hésita pas à m'adresser l'offre flatteuse de diriger et de surveiller la rédaction de l'Évangile de saint Matthieu en samogitien. J'étais alors trop occupé de mes études sur les langues transouraliennes pour entreprendre un travail plus étendu qui eût compris les quatre Évangiles. Ajournant donc mon mariage avec mademoiselle Gertrude Weber, je me rendis à Kowno (*Kaunas*), avec l'intention de recueillir tous les monuments linguistiques imprimés ou manuscrits en langue jmoude que je pourrais me procurer, sans négliger, bien entendu, les poésies populaires, *daïnos* , les récits ou légendes, *pasakos* , qui me fourniraient des documents pour un vocabulaire jomaïtique, travail qui devait nécessairement précéder celui de la traduction.

On m'avait donné une lettre pour le jeune comte Michel Szémioth, dont le père, à ce qu'on m'assurait, avait possédé le fameux *Catechismus Samogiticus* du père Lawicki, si rare, que son existence même a été contestée, notamment par le professeur de Dorpat, auquel je viens de faire allusion. Dans sa bibliothèque se trouvait, selon les renseignements qui m'avaient été donnés, une vieille collection de daïnos, ainsi que des poésies dans l'ancienne langue *prussienne* . Ayant écrit au comte Szémioth pour lui exposer le but de ma visite, j'en reçus l'invitation la plus aimable de venir passer dans son château de Médintiltas tout le temps qu'exigeraient mes recherches. Il terminait sa lettre en me disant de la façon la plus gracieuse qu'il se piquait de parler le jmoude presque aussi bien que ses paysans, et qu'il serait heureux de joindre ses efforts aux miens pour une entreprise qu'il qualifiait de *grande* et d'intéressante. Ainsi que quelques-uns des plus riches propriétaires de la Lithuanie, il professait la

religion évangélique, dont j'ai l'honneur d'être ministre. On m'avait pré-
venu que le comte n'était pas exempt d'une certaine bizarrerie de caractère, très hospitalier d'ailleurs, ami des sciences et des lettres, et particu-
lièrement bienveillant pour ceux qui les cultivent. Je partis donc pour
Médintiltas.

Au perron du château, je fus reçu par l'intendant du comte, qui me
conduisit aussitôt à l'appartement préparé pour me recevoir.

— M. le comte, me dit-il, est désolé de ne pouvoir dîner aujourd'hui
avec M. le professeur. Il est tourmenté de la migraine, maladie à laquelle
il est malheureusement un peu sujet. Si M. le professeur ne désire pas
être servi dans sa chambre, il dînera avec M. le docteur Frœber, médecin
de madame la comtesse. On dîne dans une heure ; on ne fait pas de toilette. Si M. le professeur a des ordres à donner, voici le timbre.

Il se retira en me faisant un profond salut.

L'appartement était vaste, bien meublé, orné de glaces et de dorures.
Il avait vue d'un côté sur un jardin ou plutôt sur le parc du château, de
l'autre sur la grande cour d'honneur. Malgré l'avertissement : « On ne fait
pas de toilette », je crus devoir tirer de ma malle mon habit noir. J'étais
en manches de chemise, occupé à déballer mon petit bagage, lorsqu'un
bruit de voiture m'attira à la fenêtre qui donnait sur la cour. Une belle
calèche venait d'entrer. Elle contenait une dame en noir, un monsieur et
une femme vêtue comme les paysannes lithuaniennes, mais si grande et
si forte, que d'abord je fus tenté de la prendre pour un homme déguisé.
Elle descendit la première ; deux autres femmes, non moins robustes en
apparence, étaient déjà sur le perron. Le monsieur se pencha vers la

dame en noir, et, à ma grande surprise, déboucla une large ceinture de cuir qui la fixait à sa place dans la calèche. Je remarquai que cette dame avait de longs cheveux blancs fort en désordre, et que ses yeux, tout grands ouverts, semblaient inanimés : on eût dit une figure de cire. Après l'avoir détachée, son compagnon lui adressa la parole, chapeau bas, avec beaucoup de respect ; mais elle ne parut pas y faire la moindre attention. Alors, il se tourna vers les servantes en leur faisant un léger signe de tête. Aussitôt les trois femmes saisirent la dame en noir, et, en dépit de ses efforts pour s'accrocher à la calèche, elles l'enlevèrent comme une plume, et la portèrent dans l'intérieur du château. Cette scène avait pour témoins plusieurs serviteurs de la maison qui semblaient n'y voir rien que de très ordinaire. L'homme qui avait dirigé l'opération tira sa montre et demanda si on allait bientôt dîner.

— Dans un quart d'heure, monsieur le docteur, lui répondit-on.

Je n'eus pas de peine à deviner que je voyais le docteur Frœber, et que la dame en noir était la comtesse. D'après son âge, je conclus qu'elle était la mère du comte Szémioth, et les précautions prises à son égard annonçaient assez que sa raison était altérée.

Quelques instants après, le docteur lui-même entra dans ma chambre.

— M. le comte étant souffrant, me dit-il, je suis obligé de me présenter moi-même, à M. le professeur. Le docteur Frœber, à vous rendre mes devoirs. Enchanté de faire la connaissance d'un savant dont le mérite est connu de tous ceux qui lisent la *Gazette scientifique et littéraire* de Kœnigsberg. Auriez-vous pour agréable qu'on servît ?

Je répondis de mon mieux à ses compliments, et lui dis que, s'il était temps de se mettre à table, j'étais prêt à le suivre.

Dès que nous entrâmes dans la salle à manger, un maître d'hôtel nous présenta, selon l'usage du Nord, un plateau d'argent chargé de liqueurs et de quelques mets salés et fortement épicés propres à exciter l'appétit.

— Permettez-moi, monsieur le professeur, me dit le docteur, de vous recommander, en ma qualité de médecin, un verre de cette *starka* , vraie eau-de-vie de Cognac, depuis quarante ans dans le fût. C'est la mère des liqueurs. Prenez un anchois de Drontheim, rien n'est plus propre à ouvrir et préparer le tube digestif, organe des plus importants… Et maintenant, à table ! Pourquoi ne parlerions-nous pas allemand ? Vous êtes de Kœnigsberg, moi de Memel ; mais j'ai fait mes études à Iéna. De la sorte nous serons plus libres, et les domestiques, qui ne savent que le polonais et le russe, ne nous comprendront pas.

Nous mangeâmes d'abord en silence ; puis, après avoir pris un premier verre de vin de Madère, je demandai au docteur si le comte était fréquemment incommodé de l'indisposition qui nous privait aujourd'hui de sa présence.

— Oui et non, répondit le docteur ; cela dépend des excursions qu'il fait.

– Comment cela ?

– Lorsqu'il va sur la route de Rosienie, par exemple, il en revient avec la migraine et l'humeur farouche.

– Je suis allé à Rosienie moi-même sans pareil accident.

– Cela tient, monsieur le professeur, répondit-il en riant, à ce que vous n'êtes pas amoureux.

Je soupirai en pensant à mademoiselle Gertrude Weber.

– C'est donc à Rosienie, dis-je, que demeure la fiancée de M. le comte ?

– Oui, dans les environs. Fiancée ?... je n'en sais rien. Une franche coquette ! Elle lui fera perdre la tête, comme il est arrivé à sa mère.

– En effet, je crois que madame la comtesse est... malade ?

– Elle est folle, mon cher monsieur, folle ! Et le plus grand fou, c'est moi, d'être venu ici !

– Espérons que vos bons soins lui rendront la santé.

Le docteur secoua la tête en examinant avec attention la couleur d'un verre de vin de Bordeaux qu'il tenait à la main.

– Tel que vous me voyez, monsieur le professeur, j'étais chirurgien-major au régiment de Kalouga. À Sébastopol, nous étions du matin au soir à couper des bras et des jambes ; je ne parle pas des bombes qui nous arrivaient comme des mouches à un cheval écorché ; eh bien, mal logé, mal nourri, comme j'étais alors, je ne m'ennuyais pas comme ici, où je mange et bois du meilleur, où je suis logé comme un prince, payé comme un médecin de cour… Mais la liberté, mon cher monsieur !… Figurez-vous qu'avec cette diablesse on n'a pas un moment à soi !

– Y a-t-il longtemps qu'elle est confiée à votre expérience ?

– Moins de deux ans ; mais il y en a vingt-sept au moins qu'elle est folle, dès avant la naissance du comte. On ne vous a pas conté cela à Rosienie ni à Kowno ? Écoutez donc, car c'est un cas sur lequel je veux un jour écrire un article dans le *Journal médical de Saint-Pétersbourg*. Elle est folle de peur…

– De peur ? Comment cela est-ce possible ?

– D'une peur qu'elle a eue. Elle est de la famille des Keystut… Oh ! dans cette maison-ci, on ne se mésallie pas. Nous descendons, nous, de Gédymin… Donc, monsieur le professeur, trois jours… ou deux jours après son mariage, qui eut lieu dans ce château où nous dînons (à votre santé !), … le comte, le père de celui-ci, s'en va à la chasse. Nos dames lithuaniennes sont des amazones, comme vous savez. La comtesse va aussi à la chasse… Elle reste en arrière ou dépasse les veneurs, … je ne sais lequel… Bon ! tout à coup le comte voit arriver bride abattue le petit cosaque de la comtesse, enfant de douze ou quatorze ans.

« – Maître, dit-il, un ours emporte la maîtresse !

« – Où cela ? dit le comte.

« – Par là, dit le petit cosaque.

« Toute la chasse accourt au lieu qu'il désigne ; point de comtesse ! Son cheval étranglé d'un côté, de l'autre sa pelisse en lambeaux. On cherche, on bat le bois en tout sens. Enfin un veneur s'écrit : « Voilà l'ours ! » En effet, l'ours traversait une clairière, traînant toujours la comtesse, sans doute pour aller la dévorer tout à son aise dans un fourré, car ces animaux-là sont sur leur bouche. Ils aiment, comme les moines, à dîner tranquilles. Marié de deux jours, le comte était fort chevaleresque, il voulait se jeter sur l'ours, le couteau de chasse au poing ; mais, mon cher monsieur, un ours de Lithuanie ne se laisse pas transpercer comme un cerf. Par bonheur, le porte-arquebuse du comte, un assez mauvais drôle, ivre ce jour-là à ne pas distinguer un lapin d'un chevreuil, fait feu de sa carabine à plus de cent pas, sans se soucier de savoir si la balle toucherait la bête ou la femme...

— Et il tua l'ours ?

— Tout raide. Il n'y a que les ivrognes pour ces coups-là. Il y a aussi les balles prédestinées, monsieur le professeur. Nous avons ici des sorciers qui en vendent à juste prix... La comtesse était fort égratignée, sans connaissance, cela va sans dire, une jambe cassée. On l'emporte, elle revient à elle ; mais la raison était partie. On la mène à Saint-Pétersbourg. Grande consultation, quatre médecins chamarrés de tous les ordres. Ils disent : « Madame la comtesse est grosse, il est probable que sa délivrance déterminera une crise favorable. Qu'on la tienne en bon air, à la campagne, du petit-lait, de la codéine... » On leur donne cent roubles à chacun. Neuf mois après, la comtesse accouche d'un garçon bien constitué ; mais la crise favorable ? ah bien, oui !... Redoublement de rage. Le comte lui montre son fils. Cela ne manque jamais son effet... dans les romans. « Tuez-le ! tuez la bête ! » qu'elle s'écrie ; peu s'en fallut qu'elle ne lui tordît le cou. Depuis lors, alternatives de folie stupide ou de manie furieuse. Forte propension au suicide. On est obligé de l'attacher pour lui faire prendre l'air. Il faut trois vigoureuses servantes pour la tenir. Cependant, monsieur le professeur, veuillez noter ce fait : quand j'ai épuisé mon latin auprès d'elle sans pouvoir m'en faire obéir, j'ai un moyen pour la calmer. Je la menace de lui couper les cheveux. Autrefois, je pense, elle les avait très beaux. La coquetterie ! voilà le dernier sentiment humain qui est demeuré. N'est-ce pas drôle ? Si je pouvais l'instrumenter à ma guise, peut-être la guérirais-je.

— Comment cela ?

— En la rouant de coups. J'ai guéri de la sorte vingt paysannes dans un village où s'était déclarée cette furieuse folie russe, le *hurlement* [2]. ; une femme se met à hurler, sa commère hurle. Au bout de trois jours, tout un village hurle. À force de les rosser, j'en suis venu à bout. Prenez une gélinotte, elles sont tendres. Le comte n'a jamais voulu que j'essayasse.

— Comment ! vous vouliez qu'il consentît à votre abominable traitement ?

— Oh ! il a si peu connu sa mère, et puis c'est pour son bien ; mais, dites-moi, monsieur le professeur, auriez-vous jamais cru que la peur pût faire perdre la raison ?

— La situation de la comtesse était épouvantable… Se trouver entre les griffes d'un animal si féroce !

— Eh bien, son fils ne lui ressemble pas. Il y a moins d'un an qu'il s'est trouvé exactement dans la même position, et, grâce à son sang-froid, il s'en est tiré à merveille.

— Des griffes d'un ours ?

— D'une ourse, et la plus grande qu'on ait vue depuis longtemps. Le comte a voulu l'attaquer l'épieu à la main. Bah ! d'un revers, elle écarte l'épieu, elle empoigne M. le comte et le jette par terre aussi facilement que je renverserais cette bouteille. Lui, malin, fait le mort... L'ourse l'a flairé, flairé, puis, au lieu de le déchirer, lui donne un coup de langue. Il a eu la présence d'esprit de ne pas bouger, et elle a passé son chemin.

— L'ourse a cru qu'il était mort. En effet, j'ai ouï dire que ces animaux ne mangent pas les cadavres.

— Il faut le croire et s'abstenir d'en faire l'expérience personnelle ; mais, à propos de peur, laissez-moi vous conter une histoire de Sébastopol. Nous étions cinq ou six autour d'une cruche de bière qu'on venait de nous apporter derrière l'ambulance du fameux bastion n° 5. La vedette crie : « Une bombe ! » Nous nous mettons tous à plat ventre ; non, pas tous : un nommé, ... mais il est inutile de dire son nom, ... un jeune officier qui venait de nous arriver resta debout, tenant son verre plein, juste au moment où la bombe éclata. Elle emporte la tête de mon pauvre camarade André Speranski, un brave garçon, et cassa la cruche ; heureusement, elle était à peu près vide. Quand nous nous relevâmes après l'explosion, nous voyons au milieu de la fumée notre ami qui avalait la dernière gorgée de sa bière, comme si de rien n'était. Nous le crûmes un héros. Le lendemain, je rencontre le capitaine Ghédéonof, qui sortait de l'hôpital. Il me dit : « Je dîne avec vous autres aujourd'hui, et, pour célébrer ma rentrée, je paye le champagne. » Nous nous mettons à table. Le jeune officier de la bière y était. Il ne s'attendait pas au champagne. On décoiffe une bouteille près de lui... Paf ! le bouchon vient le frapper à la tempe. Il pousse un cri et se trouve mal. Croyez que mon héros avait eu diablement peur la première fois, et que, s'il avait bu sa bière au lieu de se garer, c'est qu'il avait perdu la tête, et il ne lui restait plus qu'un mouvement machinal dont il n'avait pas conscience. En effet, monsieur le professeur, la machine humaine...

– Monsieur le docteur, dit un domestique en entrant dans la salle, la Jdanova dit que Mme la comtesse ne veut pas manger.

– Que le diable l'emporte ! grommela le docteur. J'y vais. Quand j'aurais fait manger ma diablesse, monsieur le professeur, nous pourrions, si vous l'aviez pour agréable, faire une petite partie à la *préférence* ou aux *douratchki* ?

Je lui exprimai mes regrets de mon ignorance, et, lorsqu'il alla voir sa malade, je passai dans ma chambre et j'écrivis à Mlle Gertrude.

II

La nuit était chaude, et j'avais laissé ouverte la fenêtre donnant sur le parc. Ma lettre écrite, ne me trouvant aucune envie de dormir, je me mis à repasser les verbes irréguliers lithuaniens et à rechercher dans le sanscrit les causes de leurs différentes irrégularités. Au milieu de ce travail qui m'absorbait, un arbre assez voisin de ma fenêtre fut violemment agité. J'entendis craquer des branches mortes, et il me sembla que quelque animal fort lourd essayait d'y grimper. Encore tout préoccupé des histoires d'ours que le docteur m'avait racontées, je me levai, non sans un certain émoi, et à quelques pieds de ma fenêtre, dans le feuillage de l'arbre, j'aperçus une tête humaine, éclairée en plein par la lumière de ma lampe. L'apparition ne dura qu'un instant, mais l'éclat singulier des yeux qui rencontrèrent mon regard me frappa plus que je ne saurais dire. Je fis involontairement un mouvement de corps en arrière, puis je courus à la fenêtre, et, d'un ton sévère, je demandai à l'intrus ce qu'il voulait. Cependant, il descendait en toute hâte, et, saisissant une grosse branche entre ses mains, il se laissa pendre, puis tomber à terre, et disparut aussitôt. Je sonnai ; un domestique entra. Je lui racontai ce qui venait de se passer.

— Monsieur le professeur se sera trompé sans doute.

— Je suis sûr de ce que je dis, repris-je Je crains qu'il n'y ait un voleur dans le parc.

— Impossible, monsieur.

– Alors, c'est donc quelqu'un de la maison ?

Le domestique ouvrait de grands yeux sans me répondre. À la fin, il me demanda si j'avais des ordres à lui donner. Je lui dis de fermer la fenêtre et je me mis au lit.

Je dormis fort bien, sans rêver d'ours ni de voleurs. Le matin, j'achevais ma toilette, quand on frappa à ma porte. J'ouvris et me trouvai en face d'un très grand et beau jeune homme, en robe de chambre boukhare, et tenant à la main une longue pipe turque.

– Je viens vous demander pardon, monsieur le professeur, dit-il, d'avoir si mal accueilli un hôte tel que vous. Je suis le comte Szémioth.

Je me hâtai de répondre que j'avais, au contraire, à le remercier humblement de sa magnifique hospitalité, et je lui demandai s'il était débarrassé de sa migraine.

– À peu près, dit-il. Jusqu'à une nouvelle crise, ajouta-t-il avec une expression de tristesse. Êtes-vous tolérablement ici ? Veuillez vous rappeler que vous êtes chez les barbares. Il ne faut pas être difficile en Samogitie.

Je l'assurai que je me trouvais à merveille. Tout en lui parlant, je ne pouvais m'empêcher de le considérer avec une curiosité que je trouvais moi-même impertinente. Son regard avait quelque chose d'étrange qui me rappelait malgré moi celui de l'homme que la veille j'avais vu grimpé sur l'arbre... « Mais quelle apparence, me disais-je, que M. le comte Szémioth grimpe aux arbres la nuit ! »

Il avait le front haut et bien développé, quoique un peu étroit. Ses traits étaient d'une grande régularité ; seulement, ses yeux étaient trop rapprochés, et il me sembla que, d'une glandule lacrymale à l'autre, il n'y avait pas la place d'un œil, comme l'exige le canon des sculpteurs grecs. Son regard était perçant. Nos yeux se rencontrèrent plusieurs fois malgré nous, et nous les détournions l'un et l'autre avec un certain embarras. Tout à coup le comte éclatant de rire s'écria :

– Vous m'avez reconnu !

– Reconnu ?

– Oui, vous m'avez surpris hier, faisant le franc polisson.

– Oh ! monsieur le comte !...

– J'avais passé toute la journée très souffrant, enfermé dans mon cabinet. Le soir, me trouvant mieux, je me suis promené dans le jardin. J'ai vu de la lumière chez vous, et j'ai cédé à un mouvement de curiosité… J'aurais dû me nommer et me présenter, mais la situation était si ridicule… J'ai eu honte et je me suis enfui… Me pardonnerez-vous de vous avoir dérangé au milieu de votre travail ?

Tout cela était dit d'un ton qui voulait être badin ; mais il rougissait et était évidemment mal à son aise. Je fis tout ce qui dépendait de moi pour lui persuader que je n'avais gardé aucune impression fâcheuse de cette première entrevue, et, pour couper court à ce sujet, je lui demandai s'il était vrai qu'il possédât le Catéchisme samogitien du père Lawicki ?

— Cela se peut ; mais, à vous dire la vérité, je ne connais pas trop la bibliothèque de mon père. Il aimait les vieux livres et les raretés. Moi, je ne lis guère que des ouvrages modernes ; mais nous chercherons, monsieur le professeur. Vous voulez donc que nous lisions l'Évangile en jmoude ?

— Ne pensez-vous pas, monsieur le comte, qu'une traduction des Écritures dans la langue de ce pays ne soit très désirable ?

— Assurément ; pourtant, si vous voulez bien me permettre une petite observation, je vous dirai que, parmi les gens qui ne savent d'autre langue que le jmoude, il n'y en a pas un seul qui sache lire.

— Peut-être ; mais je demande à Votre Excellence [3] la permission de lui faire remarquer que la plus grande des difficultés pour apprendre à lire, c'est le manque de livres. Quand les pays samogitiens auront un texte imprimé, ils voudront le lire, et ils apprendront à lire… C'est ce qui est arrivé déjà à bien des sauvages…, non que je veuille appliquer cette qualification aux habitants de ce pays… D'ailleurs, ajoutai-je, n'est-ce pas une chose déplorable qu'une langue disparaisse sans laisser de traces ? Depuis une trentaine d'années, le prussien n'est plus qu'une langue morte. La dernière personne qui savait le *cornique* est morte l'autre jour…

– Triste ! interrompit le comte. Alexandre de Humboldt racontait à mon père qu'il avait connu en Amérique un perroquet qui seul savait quelques mots de la langue d'une tribu aujourd'hui entièrement détruite par la petite vérole. Voulez-vous permettre qu'on apporte le thé ici ?

Pendant que nous prenions le thé, la conversation roula sur la langue jmoude. Le comte blâmait la manière dont les Allemands ont imprimé le lithuanien, et il avait raison.

– Votre alphabet, disait-il, ne convient pas à notre langue. Vous n'avez ni notre J, ni notre L, ni notre Y, ni notre E. J'ai une collection de daïnos publiée l'année passée à Kœnigsberg, et j'ai toutes les peines du monde à deviner les mots, tant ils sont étrangement figurés.

– Votre excellence parle sans doute des daïnos de Lessner ?

– Oui. C'est de la poésie bien plate, n'est-ce pas ?

— Peut-être eût-il trouvé mieux. Je conviens que, tel qu'il est, ce recueil n'a qu'un intérêt purement philologique ; mais je crois qu'en cherchant bien, on parviendrait à recueillir des fleurs plus suaves parmi vos poésies populaires.

— Hélas ! j'en doute fort, malgré tout mon patriotisme.

— Il y a quelques semaines, on m'a donné à Wilno une ballade vraiment belle, de plus historique… La poésie en est remarquable… Me permettriez-vous de vous la lire ? Je l'ai dans mon portefeuille.

— Très volontiers.

Il s'enfonça dans son fauteuil après m'avoir demandé la permission de fumer.

— Je ne comprends la poésie qu'en fumant, dit-il.

— Cela est intitulé *les Trois Fils de Boudrys*.

— *Les Trois Fils de Boudrys* ? s'écria le comte avec un mouvement de surprise.

– Oui. Boudrys, Votre Excellence le sait mieux que moi, est un personnage historique.

Le comte me regardait fixement avec son regard singulier. Quelque chose d'indéfinissable, à la fois timide et farouche, qui produisait une impression presque pénible, quand on n'y était pas habitué. Je me hâtai de lire pour y échapper.

« LES TROIS FILS DE BOUDRYS

« Dans la cour de son château, le vieux Boudrys appelle ses trois fils, trois vrais Lithuaniens comme lui. Il leur dit :

» – Enfants, faites manger vos chevaux de guerre, apprêtez vos selles ; aiguisez vos sabres et vos javelines.

» On dit qu'à Wilno la guerre est déclarée contre les trois coins du monde. Olgerd marchera contre les Russes ; Skirghello contre nos voisins les Polonais ; Keystut tombera sur les Teutons [4].

» Vous êtes jeunes, forts, hardis, allez combattre : que les dieux de la Lithuanie vous protègent ! Cette année, je ne ferai pas campagne, mais je veux vous donner un conseil. Vous êtes trois, trois routes s'ouvrent à vous.

» Qu'un de vous accompagne Olgerd en Russie, aux bords du lac Ilmen, sous les murs de Novgorod. Les peaux d'hermine, les étoffes brochées, s'y trouvent à foison. Chez les marchands autant de roubles que de glaçons dans le fleuve.

» Que le second suive Keystut dans sa chevauchée. Qu'il mette en pièces la racaille porte-croix ! L'ambre, là, c'est leur sable de mer ; leurs draps, par leur lustre et leurs couleurs, sont sans pareils. Il y a des rubis dans les vêtements de leurs prêtres.

» Que le troisième passe le Niémen avec Skirghello. De l'autre côté, il trouvera de vils instruments de labourage. En revanche, il pourra choisir de bonnes lances, de forts boucliers, et il m'en ramènera une bru.

» Les filles de Pologne, enfants, sont les plus belles de nos captives. Folâtres comme des chattes, blanches comme la crème ! sous leurs noirs sourcils, leurs yeux brillent comme deux étoiles.

» Quand j'étais jeune, il y a un demi-siècle, j'ai ramené de Pologne une belle captive qui fut ma femme. Depuis longtemps, elle n'est plus, mais je ne puis regarder de ce côté du foyer sans penser à elle !

» Il donne sa bénédiction aux jeunes gens, qui déjà sont armés et en selle. Ils partent ; l'automne vient, puis l'hiver… Ils ne reviennent pas. Déjà le vieux Boudrys les tient pour morts.

» Vient une tourmente de neige ; un cavalier s'approche, couvrant de sa bourka [5] noire quelques précieux fardeau.

» – C'est un sac, dit Boudrys. Il est plein de roubles de Novgorod ?…

» – Non, père. Je vous amène une bru de Pologne.

» Au milieu d'une tourmente de neige, un cavalier s'approche et sa bourka se gonfle sur quelque précieux fardeau.

» – Qu'est ccla, enfant ? De l'ambre jaune d'Allemagne ?

» –Non, père. Je vous amène une bru de Pologne.

» La neige tombe en rafales ; un cavalier s'avance cachant sous sa bourka quelque fardeau précieux… Mais, avant qu'il ait montré son bu-tin, Boudrys a convié ses amis à une troisième noce. »

– Bravo ! monsieur le professeur, s'écria le comte : vous prononcez le jmoude à merveille ; mais qui vous a communiqué cette jolie daïna ?

– Une demoiselle dont j'ai eu l'honneur de faire la connaissance à Wilno, chez la princesse Katazyna Paç.

–Et vous l'appelez ?

– La *panna* Iwinska.

– Mlle Ioulka [6] ! s'écria le comte. La petite folle ! J'aurais dû la deviner ! Mon cher professeur, vous savez le jmoude et toutes les langues savantes, vous avez lu tous les vieux livres ; mais vous vous êtes laissé mystifier par une petite fille qui n'a lu que des romans. Elle vous a traduit, en jmoude plus ou moins correct, une des jolies ballades de Miçkiewicz, que vous n'avez pas lue, parce qu'elle n'est pas plus vieille que moi. Si vous le désirez, je vais vous la montrer en polonais, ou, si vous préférez une excellente traduction russe, je vous donnerai Pouchkine.

J'avoue que je demeurai tout interdit. Quelle joie pour le professeur de Dropat, si j'avais publié comme originale la daïna des fils de Boudrys !

Au lieu de s'amuser de mon embarras, le comte, avec une exquise politesse, se hâta de détourner la conversation.

– Ainsi, dit-il, vous connaissez Mlle Ioulka ?

– J'ai eu l'honneur de lui être présenté.

– Et qu'en pensez-vous ? Soyez franc.

– C'est une demoiselle fort aimable.

– Cela vous plaît à dire.

– Elle est très jolie.

– Hon !

– Comment ! n'a-t-elle pas les plus beaux yeux du monde ?

– Oui…

— Une peau d'une blancheur vraiment extraordinaire ?… Je me rappelle un ghazel [7] persan où un amant célèbre la finesse de la peau de sa maîtresse. « Quand elle boit du vin rouge, dit-il, on le voit passer le long de sa gorge. » La *panna* Iwinska m'a fait penser à ces vers persans.

— Peut-être Mlle Ioulka présente-t-elle ce phénomène ; mais je ne sais trop si elle a du sang dans les veines… Elle n'a point de cœur… Elle est blanche comme la neige et froide comme elle !…

Il se leva et se promena quelque temps par la chambre sans parler, et, comme il me semblait, pour cacher son émotion ; puis, s'arrêtant tout à coup :

— Pardon, dit-il ; nous parlions, je crois, de poésies populaires…

— En effet, monsieur le comte.

— Il faut convenir après tout qu'elle a très joliment traduit Miçkiewicz… « Folâtre comme une chatte, … blanche comme la crème, … ses yeux brillent comme deux étoiles… » C'est son portrait. Ne trouvez-vous pas ?

— Tout à fait, monsieur le comte.

– Et quant à cette espièglerie… très déplacée sans doute… la pauvre enfant s'ennuie chez une vieille tante… Elle mène une vie de couvent.

– À Wilno, elle allait dans le monde. Je l'ai vue dans un bal donné pour les officiers du régiment de…

– Ah oui, de jeunes officiers, voilà la société qui lui convient ! Rire avec l'un, médire avec l'autre, faire des coquetteries à tous… Voulez-vous voir la bibliothèque de mon père, monsieur le professeur ?

Je le suivis jusqu'à une grande galerie où il y avait beaucoup de livres bien reliés, mais rarement ouverts, comme on pouvait en juger à la poussière qui en couvrait les tranches. Qu'on juge de ma joie lorsqu'un des premiers volumes que je tirai d'une armoire se trouva être le *Catechismus Samogiticus* ! Je ne pus m'empêcher de jeter un cri de plaisir. Il faut qu'une sorte de mystérieuse attraction exerce son influence à notre insu… Le comte prit le livre, et, après l'avoir feuilleté négligemment, écrivit sur la garde : *À M. le professeur Wittembach, offert par Michel Szémioth.* Je ne saurais exprimer ici le transport de ma reconnaissance, et je me promis mentalement qu'après ma mort ce livre précieux ferait l'ornement de la bibliothèque de l'université où j'ai pris mes grades.

– Veuillez considérer cette bibliothèque comme votre cabinet de travail, me dit le comte, vous n'y serez jamais dérangé.

III

Le lendemain, après le déjeuner, le comte me proposa de faire une promenade. Il s'agissait de visiter un *kapas* (c'est ainsi que les Lithuaniens appellent les tumulus auxquels les Russes donnent le nom de *kourgâne*) très célèbre dans le pays, parce qu'autrefois les poètes et les sorciers, c'était tout un, s'y réunissaient en certaines occasions solennelles.

– J'ai, me dit-il, un cheval fort doux à vous offrir ; je regrette de ne pouvoir vous mener en calèche ; mais, en vérité, le chemin où nous allons nous engager n'est nullement carrossable.

J'aurais préféré demeurer dans la bibliothèque à prendre des notes, mais je ne crus pas devoir exprimer un autre désir que celui de mon généreux hôte, et j'acceptai. Les chevaux nous attendaient au bas du perron ; dans la cour, un valet tenait un chien en laisse. Le comte s'arrêta un instant, et, se tournant vers moi :

– Monsieur le professeur, vous connaissez-vous en chiens ?

– Fort peu, Votre Excellence.

– La staroste de Zorany, où j'ai une terre, m'envoie cet épagneul, dont il dit merveille. Permettez-vous que je le voie ?

Il appela le valet, qui lui amena le chien. C'était une fort belle bête. Déjà familiarisé avec cet homme, le chien sautait gaiement et semblait plein de feu ; mais, à quelques pas du comte, il mit la queue entre les jambes, se rejeta en arrière et parut frappé d'une terreur subite. Le comte le caressa, ce qui le fit hurler d'une façon lamentable, et, après l'avoir considéré quelque temps avec l'œil d'un connaisseur, il dit :

– Je crois qu'il sera bon. Qu'on en ait soin.

Puis il se mit en selle.

– Monsieur le professeur, me dit le comte, dès que nous fûmes dans l'avenue du château, vous venez de voir la peur de ce chien. J'ai voulu que vous en fussiez témoin par vous-même… En votre qualité de savant, vous devez expliquer les énigmes… Pourquoi les animaux ont-ils peur de moi ?

– En vérité, monsieur le comte, vous me faites l'honneur de me prendre pour un Œdipe. Je ne suis qu'un pauvre professeur de linguistique comparée. Il se pourrait…

– Notez, interrompit-il, que je ne bats jamais les chevaux ni les chiens. Je me ferais scrupule de donner un coup de fouet à une pauvre bête qui fait une sottise sans le savoir. Pourtant, vous ne sauriez croire l'aversion que j'inspire aux chevaux et aux chiens. Pour les habituer à moi, il me faut deux fois plus de peine et deux fois plus de temps que n'en mettrait un autre. Tenez, le cheval que vous montez, j'ai été longtemps avant de le réduire ; maintenant, il est doux comme un mouton.

— Je crois, monsieur le comte, que les animaux sont physionomistes, et qu'ils découvrent tout de suite si une personne qu'ils voient pour la première fois a ou non du goût pour eux. Je soupçonne que vous n'aimez les animaux que pour les services qu'ils vous rendent ; au contraire, quelques personnes ont une partialité naturelle pour certaines bêtes, qui s'en aperçoivent à l'instant. Pour moi, par exemple, j'ai, depuis mon enfance, une prédilection instinctive pour les chats. Rarement ils s'enfuient quand je m'approche pour les caresser ; jamais un chat ne m'a griffé.

— Cela est fort possible, dit le comte. En effet, je n'ai pas ce qui s'appelle du goût pour les animaux… Ils ne valent guère mieux que les hommes… Je vous mène, monsieur le professeur, dans une forêt où, à cette heure, existe florissant l'empire des bêtes, la *matecznik* , la grande matrice, la grande fabrique des êtres. Oui, selon nos traditions nationales, personne n'en a sondé les profondeurs, personne n'a pu atteindre le centre de ces bois et de ces marécages, excepté, bien entendu, MM. les poètes et les sorciers, qui pénètrent partout. Là vivent en république les animaux… ou sous un gouvernement constitutionnel, je ne saurais dire lequel des deux. Les lions, les ours, les élans, les *joubrs* , ce sont nos urus, tout cela fait très bon ménage. Le mammouth, qui s'est conservé là, jouit d'une grande considération. Il est, je crois, maréchal de la diète. Ils ont une police très sévère, et, quand ils trouvent quelque bête vicieuse, ils la jugent et l'exilent. Elle tombe alors de fièvre en chaud mal. Elle est obligée de s'aventurer dans le pays des hommes. Peu en réchappent.

– Fort curieuse légende, m'écriai-je ; mais, monsieur le comte, vous parlez de l'urus ; ce noble animal que César a décrit dans ses *Commentaires* , et que les rois mérovingiens chassaient dans la forêt de Compiègne, existe-t-il réellement encore en Lithuanie, ainsi que je l'ai ouï dire ?

– Assurément. Mon père a tué lui-même un joubr, avec une permission du gouvernement, bien entendu. Vous avez pu en voir la tête dans la grande salle. Moi, je n'en ai jamais vu, je crois que les joubrs sont très rares. En revanche, nous avons ici des loups et des ours à foison. C'est pour une rencontre possible avec un de ces messieurs que j'ai apporté cet instrument (il montrait une *tchékole* [8] circassienne qu'il avait en bandoulière), et mon groom porte à l'arçon une carabine à deux coups.

Nous commencions à nous engager dans la forêt. Bientôt le sentier fort étroit que nous suivions disparut. À tout moment, nous étions obligés de tourner autour d'arbres énormes, dont les branches basses nous barraient le passage. Quelques-uns, morts de vieillesse et renversés, nous présentaient comme un rempart couronné par une ligne de chevaux de frise impossible à franchir. Ailleurs, nous rencontrions des mares profondes couvertes de nénuphars et de lentilles d'eau. Plus loin, nous voyions des clairières dont l'herbe brillait comme des émeraudes ; mais malheur à qui s'y aventurerait, car cette riche et trompeuse végétation cache d'ordinaire des gouffres de boue où cheval et cavalier disparaîtraient à jamais... Les difficultés de la route avaient interrompu notre conversation. Je mettais tous mes soins à suivre le comte, et j'admirais l'imperturbable sagacité avec laquelle il se guidait sans boussole, et retrouvait toujours la direction idéale qu'il fallait suivre pour arriver au kapas. Il était évident qu'il avait longtemps chassé dans ces forêts sauvages.

Nous aperçûmes enfin le tumulus au centre d'une large clairière. Il était fort élevé, entouré d'un fossé encore bien reconnaissable malgré les broussailles et les éboulements. Il paraît qu'on l'avait déjà fouillé. Au sommet, je remarquai les restes d'une construction en pierres, dont quelques-unes étaient calcinées. Une quantité notable de cendres mêlées de charbon et çà et là des tessons de poteries grossières attestaient qu'on avait entretenu du feu au sommet du tumulus pendant un temps considérable. Si on ajoute foi aux traditions vulgaires, des sacrifices humains auraient été célébrés autrefois sur les kapas ; mais il n'y a guère de religion éteinte à laquelle on n'ait imputé ces rites abominables, et je doute qu'on pût justifier pareille opinion à l'égard des anciens Lithuaniens par des témoignages historiques.

Nous descendions le tumulus, le comte et moi, pour retrouver nos chevaux, que nous avions laissés de l'autre côté du fossé, lorsque nous vîmes s'avancer vers nous une vieille femme s'appuyant sur un bâton et tenant une corbeille à la main.

— Mes bons seigneurs, nous dit-elle en nous joignant, veuillez me faire la charité pour l'amour du bon Dieu. Donnez-moi de quoi acheter un verre d'eau-de-vie pour réchauffer mon pauvre corps.

Le comte lui jeta une pièce d'argent et lui demanda ce qu'elle faisait dans le bois, si loin de tout endroit habité. Pour toute réponse, elle lui montra son panier, qui était rempli de champignons. Bien que mes connaissances en botanique soient fort bornées, il me sembla que plusieurs de ces champignons appartenaient à des espèces vénéneuses.

– Bonne femme, lui dis-je, vous ne comptez pas, j'espère, manger cela ?

– Mon bon seigneur, répondit la vieille avec un sourire triste, les pauvres gens mangent tout ce que le bon Dieu leur donne.

– Vous ne connaissez pas nos estomacs lithuaniens, reprit le comte ; ils sont doublés de fer-blanc. Nos paysans mangent tous les champignons qu'ils trouvent, et ne s'en portent que mieux.

– Empêchez-la du moins de goûter de l'*agaricus necator,* que je vois dans son panier, m'écriai-je.

Et j'étendis la main pour prendre un champignon des plus vénéneux ; mais la vieille retira vivement le panier.

– Prends garde, dit-elle d'un ton d'effroi ; ils sont gardés… *Pirkuns ! Pirkuns !*

Pirkuns, pour le dire en passant, est le nom samogitien de la divinité que les Russes appellent *Péroune* ; c'est le Jupiter *tonans* des Slaves. Si je fus surpris d'entendre la vieille invoquer un dieu du paganisme, je le fus bien davantage de voir les champignons se soulever. La tête noire d'un serpent en sortit et s'éleva d'un pied au moins hors du panier. Je fis un saut en arrière, et le comte cracha par-dessus son épaule selon l'habitude superstitieuse des Slaves, qui croient détourner ainsi les maléfices, à l'exemple des anciens Romains. La vieille posa le panier à terre, s'accroupit à côté ; puis, la main étendue vers le serpent, elle prononça quelques mots inintelligibles qui avaient l'air d'une incantation. Le serpent demeura immobile pendant une minute ; puis, s'enroulant autour du bras décharné de la vieille, disparut dans la manche de sa capote en peau de mouton, qui, avec une mauvaise chemise, composait, je crois, tout le costume de cette Circé lithuanienne. La vieille nous regardait avec un petit rire de triomphe, comme un escamoteur qui vient d'exécuter un tour difficile. Il y avait dans sa physionomie ce mélange de finesse et de stupidité qui n'est pas rare chez les prétendus sorciers, pour la plupart à la fois dupes et fripons.

— Voici, me dit le comte en allemand, un échantillon de *couleur locale* ; une sorcière qui charme un serpent, au pied d'un kapas, en présence d'un savant professeur et d'un ignorant gentilhomme lithuanien. Cela ferait un joli sujet de tableau de genre pour votre compatriote Knauss… Avez-vous envie de vous faire tirer votre bonne aventure ? Vous avez ici une belle occasion.

Je lui répondis que je me garderais bien d'encourager de semblables pratiques.

— J'aime mieux, ajoutai-je, lui demander si elle ne sait pas quelque détail sur la curieuse tradition dont vous m'avez parlé. Bonne femme, dis-je à la vieille, n'as-tu pas entendu parler d'un canton de cette forêt où les bêtes vivent en communauté, ignorant l'empire de l'homme ?

La vieille fit un signe de tête affirmatif, et, avec son petit rire moitié niais, moitié malin :

– J'en viens, dit-elle. Les bêtes ont perdu leur roi. *Noble* , le lion est mort ; les bêtes vont élire un autre roi. Vas-y, tu seras roi, peut-être.

– Que dis-tu là, la mère ? s'écria le comte éclatant de rire. Sais-tu bien à qui tu parles ? Tu ne sais donc pas que monsieur est... (comment diable dit-on un professeur en jmoude ?) monsieur est un grand savant, un sage, un *waïdelote* [2].

La vieille le regarda avec attention.

– J'ai tort, dit-elle ; c'est toi qui dois aller là-bas. Tu seras leur roi, non pas lui ; tu es grand, tu es fort, tu as griffes et dents…

– Que dites-vous des épigrammes qu'elle nous décoche ? me dit le comte.

– Tu sais le chemin, ma petite mère ? lui demanda-t-il.

Elle lui indiqua de la main une partie de la forêt.

— Oui-da ? reprit le comte, et le marais, comment fais-tu pour le traverser ? Vous saurez, monsieur le professeur, que du côté qu'elle indique est un marais infranchissable, un lac de boue liquide recouvert d'herbe verte. L'année dernière, un cerf blessé par moi s'est jeté dans ce marécage. Je l'ai vu s'enfoncer lentement, lentement... Au bout de deux minutes, je ne voyais plus que son bois ; bientôt tout a disparu, et deux de mes chiens avec lui.

— Mais, moi, je ne suis pas lourde, dit la vieille en ricanant.

— Je crois que tu traverses le marécage sans peine, sur un manche à balai.

Un éclair de colère brilla dans les yeux de la vieille.

— Mon bon seigneur, dit-elle en reprenant le ton traînant et nasillard des mendiants, n'aurais-tu pas une pipe de tabac à donner à une pauvre femme ? Tu ferais mieux, ajouta-t-elle en baissant la voix, de chercher le passage du marais, que d'aller à Dowghielly.

— Dowghielly ! s'écria le comte en rougissant. Que veux-tu dire ?

Je ne pus m'empêcher de remarquer que ce mot produisait sur lui un effet singulier. Il était évidemment embarrassé ; il baissa la tête, et, afin de cacher son trouble, se donna beaucoup de peine pour ouvrir son sac à tabac, suspendu à la poignée de son couteau de chasse.

— Non, ne va pas à Dowghielly, reprit la vieille. La petite colombe blanche n'est pas ton fait. N'est-ce pas, Pirkuns ?

En ce moment, la tête du serpent sortit par le collet de la vieille capote et s'allongea jusqu'à l'oreille de sa maîtresse. Le reptile, dressé sans doute à ce manège, remuait les mâchoires comme s'il parlait.

— Il dit que j'ai raison, ajouta la vieille.

Le comte lui mit dans la main une poignée de tabac.

— Tu me connais ? lui demanda-t-il.

— Non, mon bon seigneur.

— Je suis le propriétaire de Médintiltas. Viens me voir un de ces jours. Je te donnerai du tabac et de l'eau-de-vie.

La vieille lui baisa la main, et s'éloigna à grands pas. En un instant nous l'eûmes perdue de vue. Le comte demeura pensif, nouant et dénouant les cordons de son sac, sans trop savoir ce qu'il faisait.

— Monsieur le professeur, me dit-il après un assez long silence, vous allez vous moquer de moi. Cette vieille drôlesse me connaît mieux qu'elle ne le prétend, et le chemin qu'elle vient de me montrer... Après tout, il n'y a rien de bien étonnant dans tout cela. Je suis connu dans le pays comme le loup blanc. La coquine m'a vu plus d'une fois sur le chemin du château de Dowghielly... Il y a là une demoiselle à marier : elle a conclu que j'en étais amoureux... Puis quelque joli garçon lui aura graissé la patte pour qu'elle m'annonçât sinistre aventure... Tout cela saute aux yeux ; pourtant, ... malgré moi, ses paroles me touchent. J'en suis presque effrayé... Vous riez et vous avez raison... La vérité est que j'avais projeté d'aller demander à dîner au château de Dowghielly, et maintenant j'hésite... Je suis un grand fou ! Voyons, monsieur le professeur, décidez vous-même. Irons-nous ?

— Je me garderai bien d'avoir un avis, lui répondis-je, en riant. En matière de mariage, je ne donne jamais de conseil.

Nous avions rejoint nos chevaux. Le comte sauta lestement en selle, et, laissant tomber les rênes, il s'écria :

— Le cheval choisira pour nous !

Le cheval n'hésita pas ; il entra sur-le-champ dans un petit sentier qui, après plusieurs détours, tomba dans une route ferrée, et cette route menait à Dowghielly. Une demi-heure après, nous étions au perron du château.

Au bruit que firent nos chevaux, une jolie tête blonde se montra à une fenêtre entre deux rideaux. Je reconnus la perfide traductrice de Miçkiewicz.

— Soyez le bienvenu ! dit-elle. Vous ne pouviez venir plus à propos, comte Szémioth. Il m'arrive à l'instant une robe de Paris. Vous ne me reconnaîtrez pas, tant je serai belle.

Les rideaux se refermèrent. En montant le perron, le comte disait entre ses dents :

— Assurément, ce n'est pas pour moi qu'elle étrennait cette robe…

Il me présenta à Mme Dowghiello, la tante de la *panna* Iwinska, qui me reçut obligeamment et me parla de mes derniers articles dans la *Gazette scientifique et littéraire* de Kœnigsberg.

— M. le professeur, dit le comte, vient se plaindre à vous de Mlle Julienne, qui lui a joué un tour très méchant.

– C'est une enfant, monsieur le professeur. Il faut lui pardonner. Souvent elle me désespère avec ses folies. À seize ans, moi, j'étais plus raisonnable qu'elle ne l'est à vingt ; mais c'est une bonne fille au fond, et elle a toutes les qualités solides. Elle est très bonne musicienne, elle peint divinement les fleurs, elle parle également bien le français, l'allemand, l'italien… Elle brode…

– Et elle fait des vers jmoudes ! ajouta le comte en riant.

– Elle en est incapable ! s'écria Mme Dowghiello, à qui il fallut expliquer l'espièglerie de sa nièce.

Mme Dowghiello était instruite et connaissait les antiquités de son pays. Sa conversation me plut singulièrement. Elle lisait beaucoup nos revues allemandes, et avait des notions très saines sur la linguistique. J'avoue que je ne m'aperçus pas du temps que Mlle Iwinska mit à s'habiller ; mais il parut long au comte Szémioth, qui se levait, se rasseyait, regardait à la fenêtre, et tambourinait de ses doigts sur les vitres comme un homme qui perd patience.

Enfin, au bout de trois quarts d'heure parut, suivie de sa gouvernante française, Mlle Julienne, portant avec grâce et fierté une robe dont la description exigerait des connaissances bien supérieures aux miennes.

– Ne suis-je pas belle ? demanda-t-elle au comte en tournant lentement sur elle-même pour qu'il pût la voir de tous les côtés.

Elle ne regardait ni le comte ni moi, elle regardait sa robe.

– Comment, Ioulka, dit Mme Dowghiello, tu ne dis pas bonjour à M. le professeur, qui se plaint de toi ?

– Ah ! monsieur le professeur ! s'écria-t-elle avec une petite moue charmante, qu'ai-je donc fait ? Est-ce que vous allez me mettre en pénitence ?

– Nous nous y mettrions nous-mêmes, mademoiselle, lui répondis-je, si nous nous privions de votre présence. Je suis loin de me plaindre ; je me félicite, au contraire, d'avoir appris, grâce à vous, que la muse lithuanienne renaît plus brillante que jamais.

Elle baissa la tête, et, mettant ses mains devant son visage, en prenant soin de ne pas déranger ses cheveux :

– Pardonnez-moi, je ne le ferai plus ! dit-elle du ton d'un enfant qui vient de voler des confitures.

– Je ne vous pardonnerai, chère Pani, lui dis-je, que lorsque vous aurez rempli certaine promesse que vous avez bien voulu me faire à Wilno, chez la princesse Katazyna Paç.

– Quelle promesse ? dit-elle, relevant la tête en riant.

– Vous l'avez déjà oubliée ? Vous m'avez promis que, si nous nous rencontrions en Samogitie, vous me feriez voir une certaine danse du pays dont vous disiez merveille.

– Oh ! la roussalka ! J'y suis ravissante, et voilà justement l'homme qu'il me faut.

Elle courut à une table où il y avait des cahiers de musique, en feuilleta un précipitamment, le mit sur le pupitre d'un piano, et, s'adressant à sa gouvernante :

– Tenez, chère âme, *allegro presto* .

Et elle joua elle-même, sans s'asseoir, la ritournelle pour indiquer le mouvement.

— Avancez ici, comte Michel ; vous êtes trop Lithuanien pour ne pas bien danser la roussalka ;... mais dansez comme un paysan, entendez-vous ?

Mme Dowghiello essaya d'une remontrance, mais en vain. Le comte et moi, nous insistâmes. Il avait ses raisons, car son rôle dans ce pas était des plus agréables, comme l'on verra bientôt. La gouvernante, après quelques essais, dit qu'elle croyait pouvoir jouer cette espèce de valse, quelque étrange qu'elle fût, et Mlle Iwinsa, ayant rangé quelques chaises et une table qui auraient pu la gêner, prit son cavalier par le collet de l'habit et l'amena au milieu du salon.

— Vous saurez, monsieur le professeur, que je suis une roussalka, pour vous servir.

Elle fit une grande révérence.

— Une roussalka est une nymphe des eaux. Il y en a une dans toutes ces mares pleines d'eau noire qui embellissent nos forêts. Ne vous en approchez pas ! La roussalka sort, encore plus jolie que moi, si c'est possible ; elle vous emporte au fond où, selon toute apparence, elle vous croque...

— Une vraie sirène ! m'écriai-je.

– Lui, continua Mlle Iwinska en montrant le comte Szémioth, est un jeune pêcheur, fort niais, qui s'expose à mes griffes, et moi, pour faire durer le plaisir, je vais le fasciner en dansant un peu autour de lui… Ah ! mais, pour bien faire, il me faudrait un sarafrane [10]. Quel dommage !… Vous voudrez bien excuser cette robe, qui n'a pas de caractère, pas de couleur locale… Oh ! et j'ai des souliers ! impossible de danser la roussalka avec des souliers !… et à talons encore !

Elle souleva sa robe, et, secouant avec beaucoup de grâce un joli petit pied, au risque de montrer un peu sa jambe, elle envoya son soulier au bout du salon. L'autre suivit le premier, et elle resta sur le parquet avec ses bas de soie.

– Tout est prêt, dit-elle à la gouvernante.

Et la danse commença.

La roussalka tourne et retourne autour de son cavalier. Il étend les bras pour la saisir, elle passe par-dessous lui et lui échappe. Cela est très gracieux, et la musique a du mouvement et de l'originalité. La figure se termine lorsque le cavalier, croyant saisir la roussalka pour lui donner un baiser, elle fait un bond, le frappe sur l'épaule, et il tombe à ses pieds comme mort… Mais le comte improvisa une variante, qui fut d'étreindre l'espiègle dans ses bras et de l'embrasser bel et bien. Mlle Iwinska poussa un petit cri, rougit beaucoup et alla tomber sur un canapé d'un air boudeur, en se plaignant qu'il l'eût serrée comme un ours qu'il était. Je vis que la comparaison ne plut pas au comte, car elle lui rappelait un malheur de famille ; son front se rembrunit. Pour moi, je remerciai vivement Mlle Iwinska, et donnai des éloges à sa danse, qui me parut avoir un caractère tout antique, rappelant les danses sacrées des Grecs. Je fus interrompu par un domestique annonçant le général et la princesse Véliaminof. Mlle Iwinska fit un bond du canapé à ses souliers, y enfonça à la hâte ses petits pieds et courut au-devant de la princesse, à qui elle fit coup sur coup deux profondes révérences. Je remarquai qu'à chacune elle relevait adroitement le quartier de son soulier. Le général amenait deux aides de camp, et, comme nous, venait demander la fortune du pot. Dans tout autre pays, je pense qu'une maîtresse de maison eût été un peu embarrassée de recevoir à la fois six hôtes inattendus et de bon appétit ; mais telle est l'abondance et l'hospitalité des maisons lithuaniennes, que le dîner ne fut pas retardé, je pense, de plus d'une demi-heure. Seulement, il y avait trop de pâtés chauds et froids.

IV

Le dîner fut fort gai. Le général nous donna des détails très intéressants sur les langues qui se parlent dans le Caucase, et dont les unes sont *aryennes* et les autres *touraniennes* , bien qu'entre les différentes peuplades il y ait une remarquable conformité de mœurs et de coutumes. Je fus obligé moi-même de parler de mes voyages, parce que, le comte Szémioth m'ayant félicité sur la manière dont je montais à cheval, et ayant dit qu'il n'avait jamais rencontré de ministre ni de professeur qui pût fournir si lestement une traite telle que celle que nous venions de faire, je dus lui expliquer que, chargé par la Société biblique d'un travail sur la langue des *Charruas*, j'avais passé trois ans et demi dans la république de l'Uruguay, presque toujours à cheval et vivant dans les pampas, parmi les Indiens. C'est ainsi que je fus conduit à raconter qu'ayant été trois jours égaré dans ces plaines sans fin, n'ayant pas de vivres ni d'eau, j'avais été réduit à faire comme les gauchos qui m'accompagnaient, c'est-à-dire à saigner mon cheval et à boire son sang.

Toutes les dames poussèrent un cri d'horreur. Le général remarqua que les Kalmouks en usaient de même en de semblables extrémités. Le comte me demanda comment j'avais trouvé cette boisson.

– Moralement, répondis-je, elle me répugnait fort ; mais, physiquement, je m'en trouvai fort bien, et c'est à elle que je dois l'honneur de dîner ici aujourd'hui. Beaucoup d'Européens, je veux dire de blancs, qui ont longtemps vécu avec des Indiens, s'y habituent et même y prennent goût. Mon excellent ami, don Fructuoso Rivero, président de la république, perd rarement l'occasion de le satisfaire. Je me souviens qu'un jour, allant au congrès en grand uniforme, il passa devant un *rancho* où l'on saignait un poulain. Il s'arrêta, descendit de cheval pour demander un *chupon* , une sucée ; après quoi, il prononça un de ses plus éloquents discours.

— C'est un affreux monstre que votre président ! s'écria Mlle Iwinska.

— Pardonnez-moi, chère Pani, lui dis-je, c'est un homme très distingué, d'un esprit supérieur. Il parle merveilleusement plusieurs langues indiennes fort difficiles, surtout le *charrua* , à cause des innombrables formes que prend le verbe, selon son régime direct ou indirect, et même selon les rapports sociaux existant entre les personnes qui parlent.

J'allais donner quelques détails assez curieux sur le mécanisme du verbe *charrua*, mais le comte m'interrompit pour me demander où il fallait saigner les chevaux quand on voulait boire leur sang.

— Pour l'amour de Dieu, mon cher professeur, s'écria Mlle Iwinska avec un air de frayeur comique, ne le lui dites pas. Il est homme à tuer toute son écurie, et à nous manger nous-mêmes quand il n'aura plus de chevaux !

Sur cette saillie, les dames quittèrent la table en riant, pour aller préparer le thé et le café, tandis que nous fumerions. Au bout d'un quart d'heure, on envoya demander au salon M. le général. Nous voulions le suivre tous ; mais on nous dit que ces dames ne voulaient qu'un homme à la fois. Bientôt, nous entendîmes au salon de grands éclats de rire et des battements de mains.

— Mlle Ioulka fait des siennes, dit le comte.

On vint le demander lui-même ; nouveaux rires, nouveaux applaudissements. Ce fut mon tour après lui. Quand j'entrai dans le salon, toutes les figures avaient pris un semblant de gravité qui n'était pas de trop bon augure. Je m'attendais à quelque niche.

— Monsieur le professeur, me dit le général de son air le plus officiel, ces dames prétendent que nous avons fait trop d'accueil à leur champagne, et ne veulent nous admettre auprès d'elles qu'après une épreuve. Il s'agit de s'en aller les yeux bandés du milieu du salon à cette muraille, et de la toucher du doigt. Vous voyez que la chose est simple, il suffit de marcher droit. Êtes-vous en état d'observer la ligne droite ?

— Je le pense, monsieur le général.

Aussitôt, Mlle Iwinska me jeta un mouchoir sur les yeux et le serra de toute sa force par derrière.

— Vous êtes au milieu du salon, dit-elle, étendez la main… Bon ! Je parie que vous ne toucherez pas la muraille.

— En avant, marche ! dit le général.

Il n'y avait que cinq ou six pas à faire. Je m'avançai fort lentement, persuadé que je rencontrerais quelquc corde ou quelque tabouret, traîtreusement placé sur mon chemin pour me faire trébucher. J'entendais des rires étouffés qui augmentaient mon embarras. Enfin, je me croyais tout à fait près du mur lorsque mon doigt, que j'étendais en avant, entra tout à coup dans quelque chose de froid et de visqueux. Je fis une grimace et un saut en arrière, qui fit éclater tous les assistants. J'arrachai mon bandeau, et j'aperçus près de moi Mlle Iwinska tenant un pot de miel où j'avais fourré le doigt, croyant toucher la muraille. Ma consolation fut de voir les deux aides de camp passer par la même épreuve, et ne pas faire meilleure contenance que moi.

Pendant le reste de la soirée, Mlle Iwinska ne cessa de donner carrière à son humeur folâtre. Toujours moqueuse, toujours espiègle, elle prenait tantôt l'un, tantôt l'autre pour objet de ses plaisanteries. Je remarquai cependant qu'elle s'adressait le plus souvent au comte, qui, je dois le dire, ne se piquait jamais, et même semblait prendre plaisir à ses agaceries. Au contraire, quand elle s'attaquait à l'un des aides de camp, il fronçait le sourcil, et je voyais son œil briller de ce feu sombre qui en réalité avait quelque chose d'effrayant. « Folâtre comme une chatte et blanche comme la crème. » Il me semblait qu'en écrivant ce vers Miçkiewicz avait voulu faire le portrait de la *panna* Iwinska.

V

On se retira assez tard. Dans beaucoup de grandes maisons lithuaniennes, on voit une argenterie magnifique, de beaux meubles, des tapis de Perse précieux, et il n'y a pas, comme dans notre chère Allemagne, de bons lits à plume à offrir à un hôte fatigué. Riche ou pauvre, gentilhomme ou paysan, un Slave sait fort bien dormir sur une planche. Le château de Dowghielly ne fait point exception à la règle générale. Dans la chambre où l'on nous conduisit, le comte et moi, il n'y avait que deux canapés recouverts en maroquin. Cela ne m'effrayait guère, car, dans mes voyages, j'avais couché souvent sur la terre nue, et je me moquai un peu des exclamations du comte sur le manque de civilisation de ses compatriotes. Un domestique vint nous tirer nos bottes et nous donna des robes de chambre et des pantoufles. Le comte, après avoir ôté son habit, se promena quelque temps en silence ; puis, s'arrêtant devant le canapé où déjà je m'étais étendu :

– Que pensez-vous, me dit-il, de Ioulka ?

– Je la trouve charmante.

– Oui, mais si coquette !… Croyez-vous qu'elle ait du goût réellement pour ce petit capitaine blond ?

– L'aide de camp ?… Comment pourrais-je le savoir ?

52

– C'est un fat !... donc, il doit plaire aux femmes.

– Je nie la conclusion, monsieur le comte. Voulez-vous que je vous dise la vérité ? Mlle Iwinska pense beaucoup plus à plaire au comte Szémioth qu'à tous les aides de camp de l'armée.

Il rougit sans me répondre ; mais il me sembla que mes paroles lui avaient fait un sensible plaisir. Il se promena encore quelque temps sans parler ; puis, ayant regardé sa montre :

– Ma foi, dit-il, nous ferions bien de dormir, car il est tard.

Il prit son fusil et son couteau de chasse, qu'on avait déposés dans notre chambre, et les mit dans une armoire dont il retira la clef.

– Voulez-vous la garder ? me dit-il en me la remettant à ma grande surprise ; je pourrais l'oublier. Assurément, vous avez plus de mémoire que moi.

– Le meilleur moyen de ne pas oublier vos armes, lui dis-je, serait de les mettre sur cette table, près de votre sofa.

– Non… Tenez, à parler franchement, je n'aime pas à avoir des armes près de moi quand je dors… Et la raison, la voici. Quand j'étais aux hussards de Grodno, je couchais un jour dans une chambre avec un camarade, mes pistolets étaient sur une chaise auprès de moi. La nuit, je suis réveillé par une détonation. J'avais un pistolet à la main ; j'avais fait feu, et la balle avait passé à deux pouces de la tête de mon camarade… Je ne me suis jamais rappelé le rêve que j'avais eu.

Cette anecdote me troubla un peu. J'étais bien assuré de ne pas avoir de balle dans la tête ; mais, quand je considérais la taille élevée, la carrure herculéenne de mon compagnon, ses bras nerveux couverts d'un noir duvet, je ne pouvais m'empêcher de reconnaître qu'il était parfaitement en état de m'étrangler avec ses mains, s'il faisait un mauvais rêve. Toutefois, je me gardai de lui montrer la moindre inquiétude ; seulement, je plaçai une lumière sur une chaise auprès de mon canapé, et je me mis à lire le *Catéchisme* de Lawicki, que j'avais apporté. Le comte me souhaita le bonsoir, s'étendit sur son sofa, s'y retourna cinq ou six fois ; enfin, il parut s'assoupir, bien qu'il fut pelotonné comme l'amant d'Horace, qui, renfermé dans un coffre, touche sa tête de ses genoux repliés :

Turpi clausus in arca,

Contractum genibus tangas caput…

De temps en temps, il soupirait avec force, ou faisait entendre une sorte de râle nerveux que j'attribuais à l'étrange position qu'il avait prise pour dormir. Une heure peut-être se passa de la sorte. Je m'assoupissais moi-même. Je fermai mon livre, et je m'arrangeais de mon mieux sur ma couche, lorsqu'un ricanement étrange de mon voisin me fit tressaillir. Je regardai le comte. Il avait les yeux fermés, tout son corps frémissait, et de ses lèvres entr'ouvertes s'échappaient quelques mots à peine articulés.

– Bien fraîche !... bien blanche !... Le professeur ne sait ce qu'il dit... Le cheval ne vaut rien... Quel morceau friand !...

Puis il se mit à mordre à belles dents le coussin où posait sa tête, et, en même temps, il poussa une sorte de rugissement si fort qu'il se réveilla.

Pour moi, je demeurai immobile sur mon canapé et fit semblant de dormir. Je l'observais pourtant. Il s'assit, se frotta les yeux, soupira tristement et demeura près d'une heure sans changer de posture, absorbé comme il semblait, dans ses réflexions. J'étais cependant fort mal à mon aise, et je me promis intérieurement de ne jamais coucher à côté de M. le comte. À la longue pourtant, la fatigue triompha de l'inquiétude, et, lorsqu'on entra le matin dans notre chambre, nous dormions l'un et l'autre d'un profond sommeil.

<h1 style="text-align:center">VI</h1>

Après le déjeuner, nous retournâmes à Médintiltas. Là, ayant trouvé le docteur Frœber seul, je lui dis que je croyais le comte malade, qu'il avait des rêves affreux, qu'il était peut-être somnambule, et qu'il pouvait être dangereux dans cet état.

— Je me suis aperçu de tout cela, me dit le médecin. Avec une organisation athlétique, il est nerveux comme une jolie femme. Peut-être tient-il cela de sa mère… Elle a été diablement méchante ce matin… Je ne crois pas beaucoup aux histoires de peurs et d'envies de femmes grosses ; mais ce qui est certain, c'est que la comtesse est maniaque, et la manie est transmissible par le sang…

— Mais le comte, repris-je, est parfaitement raisonnable ; il a l'esprit juste, il est instruit, beaucoup plus que je ne l'aurais cru, je vous l'avoue ; il aime la lecture…

— D'accord, d'accord, mon cher monsieur ; mais il est souvent bizarre. Il s'enferme quelquefois pendant plusieurs jours ; souvent il rôde la nuit ; il lit des livres incroyables…, de la métaphysique allemande…, de la physiologie, que sais-je ! Hier encore, il lui en est arrivé un ballot de Leipzig. Faut-il parler net ? un Hercule a besoin d'une Hébé. Il y a ici des paysannes très jolies… Le samedi soir, après le bain, on les prendrait pour des princesses… Il n'y en a pas une qui ne fût fière de distraire monseigneur. À son âge, moi, le diable m'emporte !… Non, il n'a pas de maîtresse, il ne se marie pas, il a tort. Il lui faudrait un dérivatif.

Le matérialisme grossier du docteur me choquant au dernier point, je terminai brusquement l'entretien en lui disant que je faisais des vœux pour que le comte Szémioth trouvât une épouse digne de lui. Ce n'est pas sans surprise, je l'avoue, que j'avais appris du docteur ce goût du comte pour les études philosophiques. Cet officier de hussards, ce chasseur passionné lisant de la métaphysique allemande et s'occupant de physiologie, cela renversait mes idées. Le docteur avait dit vrai cependant, et, dès le jour même, j'en eus la preuve.

— Comment expliquez-vous, monsieur le professeur, me dit-il brusquement vers la fin du dîner, comment expliquez-vous la *dualité* ou la *duplicité* de notre nature ?...

Et, comme il s'aperçut que je ne le comprenais pas parfaitement, il reprit :

— Ne vous êtes-vous jamais trouvé au haut d'une tour ou bien au bord d'un précipice, ayant à la fois la tentation de vous élancer dans le vide et un sentiment de terreur absolument contraire ?...

— Cela peut s'expliquer par des causes toutes physiques, dit le docteur ; premièrement, la fatigue qu'on éprouve après une marche ascensionnelle détermine un afflux de sang au cerveau, qui...

– Laissons-là le sang, docteur, s'écria le comte avec impatience, et prenons un autre exemple. Vous tenez une arme à feu chargée. Votre meilleur ami est là. L'idée vous vient de lui mettre une balle dans la tête. Vous avez la plus grande horreur d'un assassinat, et pourtant vous en avez la pensée. Je crois, messieurs, que, si toutes les pensées qui nous viennent en tête dans l'espace d'une heure…, je crois que si toutes *vos* pensées, monsieur le professeur, que je tiens pour un sage, étaient écrites, elles formeraient un volume in-folio peut-être, d'après lequel il n'y a pas un avocat qui ne plaidât avec succès votre interdiction, pas un juge qui ne vous mît en prison ou bien dans une maison de fous.

– Ce juge, monsieur le comte, ne me condamnerait pas assurément pour avoir cherché ce matin, pendant plus d'une heure, la loi mystérieuse d'après laquelle les verbes slaves prennent un sens futur en se combinant avec une préposition ; mais, si par hasard j'avais eu quelque autre pensée, quelle preuve en tirer contre moi ? Je ne suis pas plus maître de mes pensées que des accidents extérieurs qui me les suggèrent. De ce qu'une pensée surgit en moi, on ne peut pas conclure un commencement d'exécution, ni même une résolution. Jamais je n'ai eu l'idée de tuer personne ; mais, si la pensée d'un meurtre me venait, ma raison n'est-elle pas là pour l'écarter ?

– Vous parlez de la raison bien à votre aise ; mais est-elle toujours là, comme vous dites, pour nous diriger ? Pour que la raison parle et se fasse obéir, il faut de la réflexion, c'est-à-dire du temps et du sang-froid. A-t-on toujours l'un et l'autre ? Dans un combat, je vois arriver sur moi un boulet qui ricoche, je me détourne et je découvre mon ami, pour lequel j'aurais donné ma vie, si j'avais eu le temps de réfléchir…

J'essayai de lui parler de nos devoirs d'homme et de chrétien, de la nécessité où nous sommes d'imiter le guerrier de l'Écriture, toujours prêt au combat ; enfin je lui fis voir qu'en luttant sans cesse contre nos passions, nous acquérions des forces nouvelles pour les affaiblir et les dominer. Je ne réussis, je le crains, qu'à le réduire au silence, et il ne paraissait pas convaincu.

Je demeurai encore une dizaine de jours au château. Je fis une autre visite à Dowghielly, mais nous n'y couchâmes point. Comme la première fois, Mlle Iwinska se montra espiègle et enfant gâtée. Elle exerçait sur le comte une sorte de fascination, et je ne doutai pas qu'il n'en fût fort amoureux. Cependant, il connaissait bien ses défauts et ne se faisait pas d'illusions. Il la savait coquette, frivole, indifférente à tout ce qui n'était pas pour elle un amusement. Souvent je m'apercevais qu'il souffrait intérieurement de la savoir si peu raisonnable ; mais, dès qu'elle lui avait fait quelque petite mignardise, il oubliait tout, sa figure s'illuminait, il rayonnait de joie. Il voulut m'emmener une dernière fois à Dowghielly la veille de mon départ, peut-être parce que je restais à causer avec la tante pendant qu'il allait se promener au jardin avec la nièce ; mais j'avais fort à travailler, et je dus m'excuser, quelle que fût son insistance. Il revint dîner, bien qu'il nous eût dit de ne pas l'attendre. Il se mit à table, et ne put manger. Pendant tout le repas, il fut sombre et de mauvaise humeur. De temps à autre, ses sourcils se rapprochaient et ses yeux prenaient une expression sinistre. Lorsque le docteur sortit pour se rendre auprès de la comtesse, le comte me suivit dans ma chambre, et me dit tout ce qu'il avait sur le cœur.

— Je me repens bien, s'écria-t-il, de vous avoir quitté pour aller voir cette petite folle, qui se moque de moi et qui n'aime que les nouveaux visages ; mais, heureusement, tout est fini entre nous, j'en suis profondément dégoûté, et je ne la reverrai jamais…

Il se promena quelque temps de long en large selon son habitude, puis il reprit :

– Vous avez cru peut-être que j'en étais amoureux ? C'est ce que pense cet imbécile de docteur. Non, je ne l'ai jamais aimée. Sa mine rieuse m'amusait. Sa peau blanche me faisait plaisir à voir… Voilà tout ce qu'il y a de bon chez elle… la peau surtout. De cervelle, point. Jamais je n'ai vu en elle autre chose qu'une jolie poupée, bonne à regarder quand on s'ennuie et qu'on n'a pas de livre nouveau… Sans doute on peut dire que c'est une beauté… Sa beauté est merveilleuse !… Monsieur le professeur, le sang qui est sous cette peau doit être meilleur que celui d'un cheval ?… Qu'en pensez-vous ?

Et il se mit à éclater de rire, mais ce rire faisait mal à entendre.

Je pris congé de lui le lendemain pour continuer mes explorations dans le nord du Palatinat.

VII

Elles durèrent environ deux mois, et je puis dire qu'il n'y a guère de village en Samogitie où je ne me sois arrêté et où je n'ai recueilli quelques documents. Qu'il me soit permis de saisir cette occasion pour remercier les habitants de cette province, et en particulier MM. les ecclésiastiques, pour le concours vraiment empressé qu'ils ont accordé à mes recherches et les excellentes contributions dont ils ont enrichi mon dictionnaire.

Après un séjour d'une semaine à Szawlé, je me proposais d'aller m'embarquer à Klaypeda (port que nous appelons Memel) pour retourner chez moi, lorsque je reçus du comte Szémioth la lettre suivante, apportée par un de ses chasseurs :

« Monsieur le professeur,

« Permettez-moi de vous écrire en allemand. Je ferais encore plus de solécismes, si je vous écrivais en jmoude, et vous perdriez toute considération pour moi. Je ne sais si vous en avez déjà beaucoup, et la nouvelle que j'aie à vous communiquer ne l'augmentera peut-être pas. Sans plus de préface, je me marie, et vous devinez bien à qui. *Jupiter se rit des serments des amoureux* . Ainsi fait Pirkuns, notre Jupiter samogitien. C'est donc Mlle Julienne Iwinska que j'épouse le 8 du mois prochain. Vous seriez le plus aimable des hommes si vous veniez assister à la cérémonie. Tous les paysans de Médintiltas et lieux circonvoisins viendront chez moi manger quelques bœufs et d'innombrables cochons, et, quand ils seront ivres, ils danseront dans ce pré, à droite de l'avenue que vous connaissez. Vous verrez des costumes et des costumes dignes de votre observation. Vous me ferez le plus grand plaisir et à Julienne aussi. J'ajouterai que votre refus nous jetterait dans le plus triste embarras. Vous savez que j'appartiens à la communion évangélique, de même que ma fiancée ; or, notre ministre, qui demeure à une trentaine de lieues, est perclus de la goutte, et j'ai osé espérer que vous voudriez bien officier à sa place. Croyez-moi, mon chez professeur, votre bien dévoué,

« Michel Szémioth. »

Au bas de la lettre, en forme de *post-scriptum* , une assez jolie main féminine avait ajouté en jmoude :

« Moi, muse de la Lithuanie, j'écris en jmoude. Michel est un impertinent de douter de votre approbation. Il n'y a que moi, en effet, qui sois assez folle pour vouloir d'un garçon comme lui. Vous verrez, monsieur le professeur, le 8 du mois prochain, une mariée un peu *chic* . Ce n'est pas du jmoude, c'est du français. N'allez pas au moins avoir des distractions pendant la cérémonie. »

Ni la lettre, ni le *post-scriptum* ne me plurent. Je trouvai que les fiancés montraient une impardonnable légèreté dans une occasion si solennelle. Cependant, le moyen de refuser ? J'avouerai encore que le spectacle annoncé ne laissait pas de me donner des tentations. Selon toute apparence, dans le grand nombre de gentilshommes qui se réuniraient au château de Médintiltas, je ne manquerais pas de trouver des personnes instruites qui me fourniraient des renseignements utiles. Mon glossaire jmoude était très riche ; mais le sens d'un certain nombre de mots appris de la bouche de paysans grossiers demeurait encore pour moi enveloppé d'une obscurité relative. Toutes ces considérations réunies eurent assez de force pour m'obliger à consentir à la demande du comte, et je lui répondis que, dans la matinée du 8, je serais à Médintiltas.

Combien j'eus lieu de m'en repentir !

VIII

En entrant dans l'avenue du château, j'aperçus un grand nombre de dames et de messieurs en toilette du matin groupés, sur le perron ou circulant dans les allées du parc. La cour était pleine de paysans endimanchés. Le château avait un air de fête ; partout des fleurs, des guirlandes, des drapeaux et des festons. L'intendant me conduisit à la chambre qui m'avait été préparée au rez-de-chaussée, en me demandant pardon de ne pouvoir m'en offrir une plus belle ; mais il y avait tant de monde au château, qu'il avait été impossible de me conserver l'appartement que j'avais occupé à mon premier séjour, et qui était destiné à la femme du maréchal de la noblesse ; ma nouvelle chambre, d'ailleurs, était très convenable, ayant vue sur le parc, et au-dessous de l'appartement du comte. Je m'habillai en hâte pour la cérémonie, je revêtis ma robe ; mais ni le comte ni sa fiancée ne paraissaient. Le comte était allé la chercher à Dowghielly. Depuis longtemps, ils auraient dû être arrivés ; mais la toilette d'une mariée n'est pas une petite affaire, et le docteur avertissait les invités que, le déjeuner ne devant avoir lieu qu'après le service religieux, les appétits trop impatients feraient bien de prendre leurs précautions à un certain buffet garni de gâteaux et de toute sorte de liqueurs. Je remarquai à cette occasion combien l'attente excite à la médisance ; deux mères de jolies demoiselles invitées à la fête ne tarissaient pas en épigrammes contre la mariée.

Il était plus de midi quand une salve de boîtes et de coups de fusil signala son arrivée, et, bientôt après, une calèche de gala entre dans l'avenue, traînée par quatre chevaux magnifiques. À l'écume qui couvrait leur poitrail, il était facile de voir que le retard n'était pas de leur fait. Il n'y avait dans la calèche que la mariée, Mme Dowghiello et le comte. Il descendit et donna la main à Mme Dowghiello. Mlle Iwinska, par un mouvement plein de grâce et de coquetterie enfantine, fit mine de vouloir se cacher sous son châle pour échapper aux regards curieux qui l'entouraient de tous les côtés. Pourtant, elle se leva debout dans la calèche, et elle allait prendre la main du comte, quand les chevaux du brancard, effrayés peut-être de la pluie de fleurs que les paysans lançaient à la mariée, peut-être aussi éprouvant cette étrange terreur que le comte Szémioth inspirait aux animaux, se cabrèrent en s'ébrouant ; une roue heurta la borne au pied du perron, et on put croire pendant un moment qu'un accident allait avoir lieu. Mlle Iwinska laissa échapper un petit cri… On fut bientôt rassuré. Le comte, la saisissant dans ses bras, l'emporta jusqu'au haut du perron aussi facilement que s'il n'avait tenu qu'une colombe. Nous applaudissions tous à son adresse et à sa galanterie chevaleresque. Les paysans poussaient des vivats formidables, la mariée, toute rouge, riait et tremblait à la fois. Le comte, qui n'était nullement pressé de se débarrasser de son charmant fardeau, semblait triompher en le montrant à la foule qui l'entourait…

Tout à coup, une femme de haute taille, pâle, maigre, les vêtements en désordre, les cheveux épars, et tous les traits contractés par la terreur, parut au haut du perron, sans que personne pût savoir d'où elle venait.

— À l'ours ! criait-elle d'une voix aiguë ; à l'ours ! des fusils !… Il emporte une femme ! tuez-le ! Feu ! feu !

C'était la comtesse. L'arrivée de la mariée avait attiré tout le monde au perron, dans la cour, ou aux fenêtres du château. Les femmes mêmes qui surveillaient la pauvre folle avaient oublié leur consigne ; elle s'était échappée, et, sans être observée de personne, était arrivée jusqu'au milieu de nous. Ce fut une scène très pénible. Il fallut l'emporter malgré ses cris et sa résistance. Beaucoup d'invités ne connaissaient pas sa maladie. On dut leur donner des explications. On chuchota longtemps à voix basse. Tous les visages étaient attristés. « Mauvais présage » disaient les personnes superstitieuses ; et le nombre en est grand en Lithuanie.

Cependant, Mlle Iwinska demanda cinq minutes pour faire sa toilette et mettre son voile de mariée, opération qui dura une bonne heure. C'était plus qu'il ne fallait pour que les personnes qui ignoraient la maladie de la comtesse en apprissent la cause et les détails.

Enfin, la mariée reparut, magnifiquement parée et couverte de diamants. Sa tante la présenta à tous les invités, et lorsque le moment fut venu de passer à la chapelle, à ma grande surprise, en présence de toute la compagnie, Mme Dowghiello appliqua un soufflet sur la joue de sa nièce, assez fort pour faire retourner ceux qui auraient eu quelque distraction. Ce soufflet fut reçu avec la plus parfaite résignation, et personne ne parut s'en étonner ; seulement, un homme en noir écrivit quelque chose sur un papier qu'il avait apporté et quelques-uns des assistants y apposèrent leur signature de l'air le plus indifférent. Ce ne fut qu'à la fin de la cérémonie que j'eus le mot de l'énigme. Si je l'eusse deviné, je n'aurais pas manqué de m'élever avec toute la force de mon ministère sacré contre cette odieuse pratique, laquelle a pour but d'établir un cas de divorce en simulant que le mariage n'a eu lieu que par suite de violence matérielle exercée contre une des parties contractantes.

Après le service religieux, je crus de mon devoir d'adresser quelques paroles au jeune couple, m'attachant à leur mettre devant les yeux la gravité et la sainteté de l'engagement qui venait de les unir, et, comme j'avais encore sur le cœur le post-scriptum déplacé de Mlle Iwinska, je lui rappelai qu'elle entrait dans une vie nouvelle, non plus accompagnée d'amusements et de joies juvéniles, mais pleine de devoirs sérieux et de graves épreuves. Il me sembla que cette partie de mon allocution produisit beaucoup d'effet sur la mariée, comme sur toutes les personnes qui comprenaient l'allemand.

Des salves d'armes à feu et des cris de joie accueillirent le cortège au sortir de la chapelle, puis on passa dans la salle à manger. Le repas était magnifique, les appétits fort aiguisés, et d'abord on n'entendit d'autre bruit que celui des couteaux et des fourchettes ; mais bientôt, avec l'aide des vins de Champagne et de Hongrie, on commença à causer, à rire et même à crier. La santé de la mariée fut portée avec enthousiasme. À peine venait-on de se rasseoir, qu'un vieux *pane* à moustaches blanches se leva, et, d'une voix formidable :

– Je vois avec douleur, dit-il, que nos vieilles coutumes se perdent. Jamais nos pères n'eussent porté ce toast avec des verres de cristal. Nous buvions dans le soulier de la mariée, et, même dans sa botte ; car, de mon temps, les dames portaient des bottes en maroquin rouge. Montrons, amis, que nous sommes encore de vrais Lithuaniens. – Et toi, madame, daigne me donner ton soulier.

La mariée lui répondit en rougissant, avec un petit rire étouffé :

– Viens le prendre, monsieur… ; mais je ne te ferai pas raison dans ta botte.

Le *pane* ne se le fit pas rire deux fois : Il se mit galamment à genoux, ôta un petit soulier de satin blanc à talon rouge, l'emplit de vin de Champagne et but si vite et si adroitement, qu'il n'y en eut pas plus de la moitié qui coula sur ses habits. Le soulier passa de main en main, et tous les hommes y burent, mais non sans peine. Le vieux gentilhomme réclama le soulier comme une relique précieuse, et Mme Dowghiello fit prévenir une femme de chambre de venir réparer le désordre de la toilette de sa nièce.

Ce toast fut suivi de beaucoup d'autres, et bientôt les convives devinrent si bruyants, qu'il ne me parut plus convenable de demeurer parmi eux. Je m'échappai de la table sans que personne fît attention à moi, et j'allai respirer l'air en dehors du château ; mais, là encore, je trouvai un spectacle peu édifiant. Les domestiques et les paysans, qui avaient eu de la bière et de l'eau-de-vie à discrétion, étaient déjà ivres, pour la plupart. Il y avait eu des disputes et des têtes cassées. Çà et là, sur le pré, des ivrognes se vautraient privés de sentiment, et l'aspect général de la fête tenait beaucoup d'un champ de bataille. J'aurais eu quelque curiosité de voir de près les danses populaires ; mais la plupart étaient menées par des bohémiennes effrontées, et je ne crus pas qu'il fût bienséant de me hasarder dans cette bagarre. Je rentrai donc dans ma chambre, je lus quelque temps, puis me déshabillai et m'endormis bientôt.

Lorsque je m'éveillai, l'horloge du château sonnait trois heures. La nuit était claire, bien que la lune fût un peu voilée par une légère brume. J'essayai de retrouver le sommeil ; je ne pus y parvenir. Selon mon usage en pareille occasion, je voulus prendre un livre et étudier, mais je ne pus trouver les allumettes à ma portée. Je me levai et j'allais tâtonnant dans ma chambre, quand un corps opaque, très gros, passa devant ma fenêtre, et tomba avec un bruit sourd dans le jardin. Ma première impression fut que c'était un homme, et je crus qu'un de nos ivrognes était tombé par la fenêtre. J'ouvris la mienne et regardai ; je ne vis rien. J'allumai enfin une bougie, et, m'étant remis au lit, je repassai mon glossaire jusqu'au moment où l'on m'apporta mon thé.

Vers onze heures, je me rendis au salon, où je trouvai beaucoup d'yeux battus et de mines défaites ; j'appris en effet qu'on avait quitté la table fort tard. Ni le comte ni la jeune comtesse n'avaient encore paru. À onze heures et demie, après beaucoup de méchantes plaisanteries, on commença à murmurer, tout bas d'abord, bientôt assez haut. Le docteur Frœber prit sur lui d'envoyer le valet de chambre du comte frapper à la porte de son maître. Au bout d'un quart d'heure, cet homme redescendit, et, un peu ému, rapporta au docteur Frœber qu'il avait frappé plus d'une douzaine de fois, sans obtenir de réponse. Nous nous consultâmes, Mme Dowghiello, le docteur et moi. L'inquiétude du valet de chambre m'avait gagné. Nous montâmes tous les trois avec lui. Devant la porte, nous trouvâmes la femme de chambre de la jeune comtesse tout effarée, assurant que quelque malheur devait être arrivé, car la fenêtre de madame était toute grande ouverte. Je me rappelai avec effroi ce corps pesant tombé devant ma fenêtre. Nous frappâmes à grands coups. Point de réponse. Enfin, le valet de chambre apporta une barre de fer, et nous enfonçâmes la porte... Non ! le courage me manque pour décrire le spectacle qui s'offrit à nos yeux. La jeune comtesse était étendue morte sur son lit, la figure horriblement lacérée, la gorge ouverte, inondée de sang. Le comte avait disparu, et personne depuis n'a eu de ses nouvelles.

Le docteur considéra l'horrible blessure de la jeune femme.

– Ce n'est pas une lame d'acier, s'écria-t-il, qui a fait cette plaie... C'est une morsure !...

Le docteur ferma son livre, et regarda le feu d'un air pensif.

— Et l'histoire est finie ? demanda Adélaïde.

— Finie ! répondit le docteur d'une voix lugubre.

— Mais, reprit-elle, pourquoi l'avez-vous intitulée *Lokis* ? Pas un seul des personnages ne s'appelle ainsi.

— Ce n'est pas un nom d'homme, dit le professeur.

— Voyons, Théodore, comprenez-vous ce que veut dire Lokis ?

— Pas le moins du monde.

— Si vous vous étiez bien pénétré de la loi de transformation du sanscrit au lithuanien, vous auriez reconnu dans *Lokis* le sanscrit *arkcha* ou *rikscha* . On appelle *lokis* , en lithuanien, l'animal que les Grecs ont nommé ἄρχτος , les Latins *ursus* et les Allemands *bär* .

Vous comprenez maintenant mon épigraphe :

Miszka su Lokiu,

Abu du tokiu.

Vous savez que dans, dans le *roman du Renard* , l'ours s'appelle *damp Brum* . Chez les Slaves, on le nomme Michel, Miszka en lithuanien, et ce surnom remplace presque toujours le nom générique, lokis. C'est ainsi que les Français ont oublié leur mot néolatin de *goupil* ou *gorpil* pour y substituer celui de renard. Je vous en citerai bien d'autres exemples…

Mais Adélaïde remarqua qu'il était tard, et on se sépara.

FIN

[1]._Les deux font la paire ; mot à mot, Michon (Michel) avec Lokis, tous les deux les mêmes. *Michaelium cum Lokide, ambo [duo] ipsissimi* .

[2]._On appelle en russe une possédée : une hurleuse ; *klikouchka* , dont la racine est *klik* , clameur, hurlement.

[3]._*Siatelstvo* , « Votre Éclat lumineux », c'est le titre qu'on donne à un comte.

[4]._Les chevaliers de l'ordre teutonique.

[5]._Manteau de feutre.

[6]._Julienne.

[7]._Nom donné dans la littérature arabe à une poésie sentimentale ou guerrière. [Note du correcteur.]

[8]._Étui de fusil.

[9]._Mauvaise traduction du mot professeur . Les waïdelotes étaient des bardes lituaniens.

[10]._Robe de paysanne, sans corsage.